Hrskavi zalogaji. Vrhunska kuharica za crostinije i bruskete

Više od 100 ukusnih recepata za zabavno i svakodnevno kuhanje. Ukusni recepti za zabavnu i svakodnevnu hranu. Češnjak, maslinovo ulje, rajčice, sir i još mnogo toga

Lovro Lovren

SADRŽAJ

BRUSCHETTA 110

UVOD

Tražite li ukusna i jednostavna predjela za impresionirati goste ili jednostavno uživati u njima kao brzi međuobrok? Ne tražite dalje od "Hrskavi zalogaji", vrhunske kuharice za Crostini i Bruschette! U ovoj kuharici pronaći ćete više od 100 ukusnih recepata za svaku priliku, od klasičnih bruschetta od rajčice do kreativnih crostini nadjeva poput dimljenog lososa i avokada ili kozjeg sira i smokava.

Bilo da ste domaćin večere ili jednostavno želite ukusan zalogaj, crostini i bruskete savršen su izbor. Svojom hrskavom teksturom i bezbrojnim kombinacijama okusa zasigurno će zadovoljiti svačije nepce. A uz "Hrskavi zalogaji" nikada vam neće ponestati ideja za ukusna i impresivna predjela.

U ovoj kuharici pronaći ćete recepte za tradicionalne talijanske bruschette, kao i kreativne zaokrete u klasici, poput bruschette od pečenog povrća ili crostina s breskvama i pršutom. Također ćete otkriti nove kombinacije okusa, poput balzamičnih jagoda i ricotte ili pečenog češnjaka i gljiva.

Dakle, bilo da ste iskusan kuhar ili početnik u kuhinji, "Hrskavi zalogaji" ima za svakoga ponešto. Uz upute koje je lako slijediti i jednostavne sastojke, možete pripremiti ova ukusna predjela u tren oka. Pripremite se impresionirati svoje goste i zadovoljiti svoju želju uz ultimativnu Kuharicu za Crostini i Bruskete!.

CROSTINI

1. Crostini od tikvica i lososa

Napravi: 8 porcija

SASTOJCI:
- ½ šalice maslinovog ulja, podijeljeno
- ¼ šalice svježeg kopra, nasjeckanog
- 1 mala ljutika, nasjeckana
- 1 limun, očišćen od korice i soka
- 3 fileta lososa bez kože
- 8 kriški kruha od dizanog tijesta, poprečno prepolovljenih
- 2 tikvice, uzdužno narezane

UPUTE:
a) Postavite roštilj na srednje jaku temperaturu.
b) Pomiješajte kopar, ljutiku i koricu limuna s ⅓ šalice maslinovog ulja u srednjoj zdjeli.
c) Nanesite 1 žlicu ulja kopra na losos.
d) Začinite svježe mljevenim crnim paprom i listićima morske soli.
e) Pecite losos na roštilju 2 i pol minute sa svake strane ili dok se ne pojave tragovi pougljena.
f) U međuvremenu pokapajte kruh s 1 žlicom maslinovog ulja.
g) Pecite dvije minute sa svake strane, ili dok se ne pojave tragovi pougljena.
h) Posljednju žlicu maslinovog ulja nanesite na tikvice.
i) Pecite tikvice na roštilju 1 ½ minutu sa svake strane ili dok ne postanu hrskave, mekane i tragovi pougljene.
j) Na kruh stavite tikvice i komadiće lososa.
k) Pomiješajte ostatak ulja kopra s 1 žlicom soka od limuna.
l) Po želji dodajte sol, papar i još limunovog soka.
m) Poslužite bruschette s umakom od kopra i limuna prelivenim po vrhu.

2. Crostini od cikle i rukole

Priprema: 2 porcije

SASTOJCI:
- 1 baguette ili štruca kruha, tanko narezana
- 2 žlice maslinovog ulja
- 4 unce kozjeg sira
- 3 žlice vrhnja
- 4 cikle srednje veličine, oguljene i narezane na kockice
- 2 šalice mlade rikule
- med, za podlijevanje

UPUTE:
a) Stavite pećnicu na 425°F.
b) Koristite aluminijsku foliju za prekrivanje lima za pečenje.
c) U posebnim posudama za miješanje pomiješajte 1 žlicu maslinovog ulja sa svakom bojom cikle narezane na kockice.
d) Na jednu polovicu lima za pečenje rasporedite svaku boju cvekle u ravnomjernom sloju.
e) Pecite u pećnici 25 do 30 minuta ili dok vilica ne postane mekana.
f) Izvadite i stavite sa strane.
g) Smanjite temperaturu pećnice na 350 stupnjeva.
h) Nakon toga složite kriške kruha u jednom sloju na lim za pečenje i tostirajte 10 do 15 minuta.
i) Izvadite i ostavite da se ohladi.
j) U međuvremenu, pjenjačom pomiješajte kozji sir i mlijeko u maloj posudi.
k) Ako više volite rjeđu konzistenciju za mazanje, dodajte još mlijeka.
l) Nanesite malo mješavine kozjeg sira na komad tostiranog kruha i na vrh stavite rikulu i pečenu ciklu narezanu na kockice kako biste složili crostinije.
m)   Dodajte med i zatim poslužite.

3. bosiljak i gorgonzola crostini

Izvodi: 15 komada

SASTOJCI:
- 6 unci gorgonzole
- 2 žlice oraha
- ½ šalice nasjeckanog talijanskog peršina
- 1 vezica listova bosiljka, narezanih na trakice
- 1 štruca francuskog bageta, izrezana na kriške od ⅓ inča

UPUTE:
a) Kriške kruha lagano pecite 1-2 minute sa svake strane na limu za pečenje u pećnici.

b) Izvadite posudu i zagrijte pećnicu na 350°F.

c) U sjeckalici pomiješajte orahe, gorgonzolu i peršin dok se dobro ne sjedine, ali ne i pire-želimo da orasi zadrže malo teksture.

d) Na vrh svake kriške kruha stavite žličicu smjese.

e) Pecite u pećnici 20 minuta.

f) Dodajte trakice listova bosiljka na vrh.

4. Ricotta i Crostini od breskve

Proizvodi: 16

SASTOJCI:
- 16 kriški bageta
- 4 unce tanko narezane pancete
- ¼ šalice tanko narezanog bosiljka
- 1 šalica ricotte od punomasnog mlijeka
- 2 velike breskve, tanko narezane
- 2 žlice maslinovog ulja
- 1 žlica meda
- ¼ šalice balzamične glazure

UPUTE:
a) Lagano pokapajte malo maslinovog ulja na obje strane kruha, a zatim ga ostavite sa strane.
b) Zagrijte roštilj.
c) Pecite kruh dok ne dobije zlatnu boju i postane hrskav, otprilike 1 do 2 minute po strani.
d) Stavite sa strane.
e) U maloj tavi na srednjoj vatri kuhajte pancetu 3-4 minute, ili dok ne počne hrskati.
f) Pancetu treba okrenuti i kuhati dok ne postane hrskava.
g) Prebacite na tanjur prekriven papirnatim ručnicima, a zatim ostavite da se ohladi.
h) Pomiješajte ricottu i med u maloj posudi.
i) Krišku baguettea namažite jednom žlicom smjese od ricotte.
j) Nastavite s preostalim kruhom.
k) Na svaki komad kruha dodajte nekoliko kriški breskve, pa ravnomjerno rasporedite pancetu po crostinima.
l) Prelijte balzamičnu glazuru preko crostinija i na vrh stavite bosiljak.

5. Crostini od pečenih rajčica

Napravi: 8 porcija

SASTOJCI:
- ¼ šalice nasjeckanog svježeg bosiljka
- 2 češnja češnjaka, mljevena
- 1 šalica balzamičnog octa
- ½ žličice svježe mljevenog crnog papra
- 1 šalica cherry rajčica, prepolovljenih
- 3 žličice maslinovog ulja, podijeljene
- 1 mali baguette štruce, narezan na ½ inča debljine
- ½ žličice soli
- 1 šalica grožđanih rajčica, prepolovljenih

UPUTE:
a) Stavite pećnicu na 425 stupnjeva.
b) Tostirajte kruh na limu za pečenje dok ne postane hrskav i lagano porumeni nekoliko minuta.
c) Poredajte rajčice u pleh s papirom za pečenje, ili folijom.
d) Pospite solju, paprom i mljevenim češnjakom nakon što ste ih prelili maslinovim uljem.
e) Premažite nabacivanjem.
f) Prije nego stavite lim u pećnicu, rajčice premjestite tako da su prerezane strane prema gore.
g) Pecite 30 minuta.
h) Stavite balzamični ocat u malu tavu na srednje jaku vatru dok se rajčice peku.
i) Zakuhajte, zatim smanjite vatru i kuhajte tekućinu dok se ne zgusne.
j) Dodajte pečene rajčice i svježi bosiljak krugovima tosta kao ukras.
k) Dodajte preostalo maslinovo ulje, sok od rajčice spremljen u tavi i balsamico redukciju.
l) Poslužite odmah.

6. Crostini od kruške, meda i pekana

Izrađuje: 16 kriški

SASTOJCI:
- meda za prelijevanje
- 8 velikih brioche tosta
- 1 kruška
- ⅓ šalice komadića oraha oraha
- 5 unci kozjeg sira

UPUTE:
a) Na svaki brioche tost stavite 1 zaobljenu žlicu kozjeg sira.
b) Zatim nadjenite svaki tost s nekoliko kriški tanko narezanih krušaka.
c) Dodajte komade oraha oraha i svaki pokapajte medom.

7. Crostini od oraha, smokve i pršuta

Izrađuje oko: 12

SASTOJCI:
- 1 štruca ciabatta kruha, narezana na ½ inča debljine
- Ekstra djevičansko maslinovo ulje
- 12 kriški pršuta
- ¼ šalice nasjeckanih prženih oraha
- Ekstra djevičansko maslinovo ulje
- 6 zrelih smokava, prepolovljenih
- 1 vezica svježeg peršina
- 1 češanj češnjaka, narezan na ploške
- Svježe mljeveni crni papar
- 6 žlica balzamičnog octa

UPUTE
a) Zagrijte grill tavu i ispecite svoje kriške ciabatte.

b) Nježno utrljajte prerezanu stranu češnjaka na ciabattu.

c) Prelijte ekstra djevičanskim maslinovim uljem.

d) Na vruće crostine stavite po komad pršuta i polovicu smokve.

e) Pospite peršinom i orasima i pokapajte s još ekstra djevičanskog maslinovog ulja.

f) Dodajte malo balzamičnog octa i prije posluživanja začinite svježe mljevenim crnim paprom.

8. Salama i Brie Crostini

Za: 4 do 6 porcija

SASTOJCI:
- 1 francuski baget, narezan na 4-6 debelih komada
- Kruh Brie sira od 8 unci, tanko narezan
- Pakiranje pršuta od 4 unce
- ½ šalice umaka od brusnica
- ¼ šalice maslinovog ulja
- Svježa menta

BALSAMIC GLAZURA:
- 2 žlice smeđeg šećera
- ¼ šalice balzamičnog octa

UPUTE
BALSAMIC GLAZURA:
a) U lonac na laganoj vatri dodajte smeđi šećer i jednu šalicu balzamičnog octa.

b) Kuhajte dok se ocat ne zgusne.

c) Skinite glazuru s vatre i ostavite da se ohladi. Hlađenjem će se zgusnuti.

ZA SASTAVLJANJE:
d) Lagano premažite baguette maslinovim uljem i pecite u pećnici 8 minuta.

e) Brie namažite na kruh.

f) Na vrh dodajte žličicu umaka od brusnica i pršut.

g) Prelijte glazurom od balzama, a zatim listićima mente.

h) Poslužite odmah.

9. Salama i artičoka Crostini

Izrađuje: 24 crostinija

SASTOJCI:
- 1 baget izrezan na kriške od ¼ inča
- maslinovo ulje
- 2 šalice ricotta sira
- 10 tankih ploški salame narezati na četvrtine
- 12 unca može marinirati nasjeckana srca artičoke
- sol i papar po ukusu

UPUTE
a) Postavite pećnicu na 425 stupnjeva Fahrenheita.

b) Koristite silikonske podloge za pečenje ili papir za pečenje da obložite lim za pečenje.

c) Premažite tankim slojem maslinovog ulja svaku krišku kruha prije nego što je stavite na lim za pečenje.

d) Pecite kruh u pećnici oko 5 minuta dok se lijepo ne zapeče.

e) Izvadite iz pećnice i potpuno ohladite.

f) Svaku krišku kruha namažite ricotta sirom, začinite solju i paprom, a zatim na vrh stavite salamu i nasjeckana srca artičoke.

10. <u>Cranberry Holiday Crostini</u>

Proizvodi: 8

SASTOJCI:

CROSTINI

- 1 hrskavi kruh od cjelovitog zrna, narezan na ½ inča debljine
- morska sol
- 2 žlice maslinovog ulja
- 10 unci brija

BLAGDANSKI UMAK OD BRUSNICA

- Pakiranje od 12 unci svježih brusnica, ispranih
- ¼ žličice praha klinčića
- ½ šalice javorovog sirupa
- ½ šalice vode
- ¼ žličice pimenta u prahu
- ½ žličice cimeta u prahu
- Korica 1 naranče

GARNIRATI

- 2 grančice svježeg ružmarina, nasjeckanog
- 2 grančice svježeg timijana, nasjeckanog

UPUTE

KRUH:

a) Pojačajte temperaturu pećnice na 400 stupnjeva.

b) Stavite kriške kruha u jednom sloju na lim za pečenje i lagano premažite obje strane maslinovim uljem.

c) Posolite.

d) Tostirajte 10 do 12 minuta, okrećući kriške na pola puta, dok ne porumene.

UMAK OD BRUSNICA:

e) Zagrijte vodu, javorov sirup, cimet, klinčiće i piment do laganog vrenja u loncu.

f) Dodajte brusnice i kuhajte uz često miješanje oko 3 minute.

g) Narančinu koricu dodajte nakon što maknete posudu s vatre.

ZA SASTAVLJANJE

h) Prekrijte svaku krišku kruha sirom, umakom od brusnica i pospite svježim ružmarinom i/ili svježim timijanom.

11. Crostini od pečene crvene paprike

Za: 4 do 6 porcija

SASTOJCI:
BAGET:
- 1 baguette, narezan na oko ½ inča debljine
- 1 žlica maslinovog ulja
- Košer sol i svježe mljeveni crni papar

UMAK OD CRVENE PAPRIKE:
- 3 žlice maslinovog ulja
- 1 ljutika, mljevena
- 1 žlica meda
- 2 žličice nasjeckanog svježeg timijana
- Prstohvatite pahuljice čilija
- 2 žlice crvenog vinskog octa
- Staklenka od 16 unci pečenih crvenih paprika, ocijeđenih i narezanih
- 2 žlice nasjeckanog svježeg talijanskog peršina

ZA SASTAVLJANJE:
- 6 unci kozjeg sira
- Bosiljak, za ukras

UPUTE:
BAGET:
a) Postavite temperaturu pećnice na 400 F.
b) Kriške bageta premažite maslinovim uljem i začinite solju i paprom.
c) Položite kriške na lim za pečenje i tostirajte ih u pećnici 8 minuta ili dok ne postanu hrskave.

UMAK OD CRVENE PAPRIKE:
d) Umutite maslinovo ulje, ocat, med, čili pahuljice i majčinu dušicu.
e) Umiješajte ljutiku, peršin i pečenu papriku. Stavite sa strane.

ZA SASTAVLJANJE:
f) Svaki komad tosta namažite kozjim sirom.
g) Dodajte žlicu umaka od crvene paprike, a zatim svježi bosiljak na vrh.
h) Poslužite i uživajte.

12. Crostini alla Carnevale

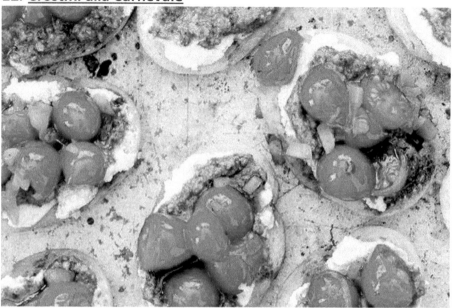

Proizvodi: 16

SASTOJCI:
- 16 tankih kriški bageta, dijagonalno izrezanih
- 2 žlice ekstra djevičanskog maslinovog ulja
- 3 režnja češnjaka, nasjeckana, podijeljena
- 4 unce ricotta sira
- 4 unce blagog sira Asiago, Jack ili fontina, narezanog na kockice
- 6-8 cherry rajčica narezanih na četvrtine
- 2 žlice nasjeckane pečene crvene paprike
- 2 žlice pesta od bosiljka

UPUTE:
a) Prethodno zagrijte brojlere.
b) Prelijte ploške baguettea maslinovim uljem u zdjeli i posložite ih u jednom sloju u posudu za pečenje ili lim za pečenje. Tostirajte ispod pečenja oko 5 minuta ili dok ne porumeni. Izvadite i prelijte tost polovicom češnjaka. Staviti na stranu.
c) U maloj zdjeli pomiješajte preostali češnjak s ricotta sirom, Asiagom, cherry rajčicama, paprikom i pestom.
d) Na svaki tost stavite veliki komad nadjeva. Rasporedite na lim za pečenje i stavite ispod pečenja dok se sir ne otopi i ne zacvrči, a rubovi tosta ne postanu hrskavi i smeđi.

13. Avokado, jaja i Ezekiel tost

Proizvodi: 4

SASTOJCI:
- 4 kriške Ezekiel kruha
- 1 žlica maslinovog ulja
- 4 velika jaja
- 2 manja zrela avokada, bez koštica i kore
- Košer sol i crni papar po ukusu
- 2 žlice soka od limuna
- Ukiseljeni crveni luk

UPUTE:
a) U velikoj neljepljivoj tavi zagrijte ulje na srednje jakoj vatri.

b) Kriške kruha stavite na lim za pečenje i pecite dok ne porumene s obje strane.

c) Zagrijte ulje u istoj pripremljenoj tavi na srednje niskoj temperaturi.

d) Razbijte jaja u tavu i kuhajte 6-8 minuta ili dok se bjelanjci ne stvrdnu, a žumanjak ne skuha po vašoj želji.

e) U međuvremenu izgnječite avokado sa solju, paprom i limunovim sokom na plitkom tanjuru.

f) Za slaganje kruha po vrhu pospite žličicu zgnječenog avokada.

g) Začinite s prstohvatom soli i svježe mljevenim paprom te na vrh stavite 1 pečeno jaje. Uživajte uz ukiseljeni crveni luk sa strane!

14. Mikrozeleni tost od kobasice i suncokreta

Priprema: 2 porcije

SASTOJCI:
- 1 veliki zreli avokado
- 1 karika kobasice, nasjeckana
- 2 kriške vašeg omiljenog kruha, prepečenog
- 1 mala limeta
- Himalajska morska sol
- 4 cherry rajčice, prerezane na pola
- Šaka suncokretovog mikrozelenja
- 1 ½ žlica maslinovog ulja
- Sjemenke konoplje

UPUTE:
a) Ogulite i izrežite avokado. Zgnječite avokado stražnjom stranom vilice na dasci za rezanje.
b) U avokado utisnite pola limete, posolite i popaprite te sve zajedno zgnječite vilicom.
c) Zagrijte ½ žlice maslinovog ulja u maloj tavi. Dodajte kobasicu. Kuhajte dok lagano ne porumene, zatim maknite s vatre i ostavite sa strane.
d) Premažite malu količinu maslinovog ulja na jednu stranu svake kriške kruha prije sastavljanja.
e) Podijelite smjesu od avokada na dvije kriške kruha. Dodajte rajčice i kobasicu.
f) Završite posipanjem sjemenki konoplje, malo soka od limete i vašim omiljenim mikrozelenjem.

15. Crimini gljiva Crostini

Proizvodi: 24

SASTOJCI:
CROSTINI
- Bagueta od 16 unci, dijagonalno narezana na 24 komada
- 2 žlice maslinovog ulja ili više po potrebi
- 1 veliki češanj češnjaka, oguljen, prerezan na pola

GLJIVA
- 1 žlica maslinovog ulja
- 1 velika ljutika, oguljena, mljevena
- ¾ funte malih crimini gljiva, očišćenih, tanko narezanih
- 2 žlice mljevenog svježeg ružmarina
- 2 žlice mljevene svježe kadulje
- Grančice ružmarina za ukras po želji

UPUTE:
a) Za pripremu Crostinija Zagrijte brojler. Stavite kriške baguettea na tavu za pečenje pečenja.
b) Svaku plošku premažite s malo maslinovog ulja i natrljajte prerezanom stranom češnjaka. Stavite ispod pečenjare i pecite dok malo ne porumene i postanu hrskave.
c) Izvadite iz brojlera i ostavite sa strane da se ohladi.

16. Zalogaji lososa i avokada

Priprema: 4-6 porcija

SASTOJCI:
- 1 file lososa
- Posolite i popaprite po ukusu
- 12 baguette crostinija
- 1 zreli avokado
- Limunov sok za posipanje

UPUTE:
a) Zagrijte svoj stroj za kuhanje na 104 stupnja F.
b) Filete lososa pospite solju i stavite u vakuumsku vrećicu.
c) Zatvorite ga, postavite timer na 1 sat.
d) Kad je file pečen, pustite ga da se ohladi, narežite oštrim nožem i poslužite preko baguette crostina prelivenog pasiranim avokadom i poškropljenim sokom od limuna.

17. Crostini s maslacem i preljevom od açaija

Pravi: oko 16 crostinija

SASTOJCI:
- 1 butternut tikva, oguljena, bez sjemenki i narezana na kockice
- 2 žlice ekstra djevičanskog maslinovog ulja
- ⅓ šalice prženih lješnjaka, grubo nasjeckanih
- ½ Açaí pirea
- 2 žlice balzamičnog octa
- 1 baguette, narezan na kolutove debljine 1 inča
- Sjeckani svježi vlasac, za ukras

UPUTE:
a) Zagrijte pećnicu na 400 stupnjeva F.

b) Butternut tikvicu pomiješajte s 2 žlice maslinova ulja i začinite solju i crnim paprom. Ravnomjerno raspodijelite na veliki lim za pečenje i pecite 20 minuta, miješajući napola, dok tikva ne omekša i lagano se karamelizira.

c) U međuvremenu pomiješajte Açaí, balzam i prstohvat soli u malom loncu. Zakuhajte i kuhajte dok se ne zgusne, oko 20 minuta.

d) Kad je buča gotova, baguette lagano pokapajte maslinovim uljem i prepecite u vrućoj pećnici. Kad budete spremni, nadjenite svaki krug kruha s kuglicom butternut tikve, pospite lješnjacima i pokapajte Açaí-balzamičnim umakom. Ukrasite vlascem i poslužite.

18. Crostini od kozjeg sira i češnjaka

Priprema: 2 porcije

SASTOJCI:
- 1 baguette od punog zrna pšenice
- ¼ šalice maslinovog ulja
- 2 režnja češnjaka, mljevena
- 4 unce kozjeg sira
- 2 žlice svježeg bosiljka, mljevenog

UPUTE:
a) Zagrijte fritezu na 380°F.
b) Narežite baguette na kriške debljine ½ inča.
c) U maloj posudi pomiješajte maslinovo ulje i češnjak, a zatim njime premažite jednu stranu svake kriške kruha.
d) Stavite kruh premazan maslinovim uljem u jednom sloju u košaricu friteze i pecite 5 minuta.
e) Za to vrijeme u maloj posudi pomiješajte kozji sir i bosiljak.
f) Izvadite tost iz friteze, zatim premažite tanki sloj mješavine kozjeg sira po vrhu svakog komada i poslužite.

19. Crostini salata od slanutka

Napravi: 6 porcija

SASTOJCI:
- 1 baget, izrezan na 12 kriški
- 2 žlice ekstra djevičanskog maslinovog ulja
- 1 limenka slanutka od 15 unci, ocijeđena i isprana
- 1 konzerva crnog graha od 15 unci, ocijeđena i isprana
- 1 konzerva kukuruza od 8 unci, ocijeđena i isprana
- 1 limenka od 4 unce crnih maslina, ocijeđenih i narezanih
- 1 žlica svježeg soka od limete
- 2 žličice brašna od lanenog sjemena
- 1 žličica mljevenog kima
- ¼ žličice čilija u prahu
- ¼ žličice luka u prahu
- ¼ žličice soli
- Svježi timijan, za ukras

UPUTE:
CROSTINI ZDRAVICE
a) Položite kriške kruha na lim za pečenje. Svaku krišku kruha lagano premažite uljem.
b) Stavite lim za pečenje ispod brojlera. Ne radi ništa drugo. Samo stanite tamo i provjeravajte kruh i ne dopustite da zagori. Potrebno je samo nekoliko minuta.
c) Nakon što tostovi lagano porumene, izvadite lim iz pećnice. Možete ih napraviti unaprijed i držati u hladnjaku za kasniju upotrebu.
ZA SASTAVLJANJE
d) U velikoj zdjeli pomiješajte sve preostale sastojke, osim majčine dušice.
e) Prelijte svaki tost smjesom od slanutka neposredno prije posluživanja. Ukrasite svježim timijanom.

20. Crostini alla vrganji

Izrađuje: 1 porciju

SASTOJCI:
- 1 unca suhih vrganja
- 3 žlice maslinovog ulja
- 1 žlica neslanog maslaca
- ½ funte svježih shitake ili lisičarki, narezanih na ploške
- ¼ šalice gustog vrhnja
- 2 žlice nasjeckanog svježeg peršina
- 3 žlice svježeg ribanog sira Asiago ili parmezana
- 16 malih kriški talijanskog kruha, lagano tostiranog

UPUTE:
a) Potopite vrganje u 1 šalicu vrlo vruće vode 20 minuta. Ocijedite i narežite na kockice, uklanjajući sve tvrde dijelove stabljike.

b) Zagrijte ulje i maslac u velikoj tavi dok se maslac ne zapjeni.

c) Dodajte gljive i kuhajte dok lagano ne porumene. Dodajte češnjak i kuhajte te miješajte jednu minutu.

d) Dodajte vrhnje i kuhajte dok se malo ne zgusne, oko 5 minuta. Dodajte peršin i kratko propirjajte. Začinite po ukusu sa soli i par mljevenja crnog papra.

e) Malo ohladite i nanesite na tost.

f) Pospite sirom i stavite ispod prethodno zagrijane posude za pečenje dok se sir ne otopi i sve postane pjenušavo i počne rumeniti.

g) Poslužite odmah.

21. Crostini s cannellini grahom

Napravi: 6 porcija

SASTOJCI:
- 1 konzerva Cannellini graha
- 1 mali režanj češnjaka, samljeven
- 3 žlice maslinovog ulja
- 2 žlice svježeg peršina, nasjeckanog
- Svježe mljeveni crni papar
- 1 baguette, narezan

UPUTE:
a) Mahune ocijedite i isperite.
b) Stavite u zdjelu i dobro promiješajte s preostalim sastojcima.
c) Dodajte svježe mljeveni crni papar po ukusu.
d) Poslužite na baguetteu.

22. Crostini od pačjih jetrica sa salatom od krastavaca

Priprema: 1 porcija

SASTOJCI:

- 4 žlice djevičanskog maslinovog ulja
- 1 srednji crveni luk, tanko narezan
- 1 funta pačjih ili pilećih jetrica
- 2 žlice kapara, isprati i ocijediti
- 2 fileta inćuna, isprati i osušiti tapkanjem
- 1 čajna žličica zdrobljenih pahuljica crvene paprike, plus 1 žlica
- 1 šalica suhog crnog vina
- Posolite i popaprite po ukusu
- 1 veliki engleski krastavac
- 2 unce ekstra djevičanskog maslinovog ulja
- 1 unca crvenog vinskog octa
- ½ žličice šećera
- Posolite i popaprite po ukusu
- 12 kriški talijanskog seoskog kruha, izrezanih ¾ inča debljine

UPUTE:

a) U tavi od 10 do 12 inča polako zagrijte ulje na srednjoj vatri.

b) Dodajte luk i lagano kuhajte dok ne omekša, ali ne smeđe, oko 10 minuta.

c) Dodajte jetrica, kapare, filete inćuna i crvenu papriku i kuhajte dok lagano ne porumene oko 10 minuta.

d) Dodati vino i kuhati dok ne ostane samo 3 do 4 žlice tekućine.

e) Ulijte smjesu za jetru u multipraktik i povremeno miješajte, ostavljajući je grudičastom.

f) Začinite solju i paprom i izvadite u malu zdjelu za miješanje.

g) Krastavac ogulite i izvadite sjemenke.

h) Narežite na polumjesec od ⅛ inča i začinite uljem, octom i šećerom te začinite solju i paprom.

i) Pecite na roštilju ili tostirajte kruh s obje strane i na svaku premažite 1 žlicom smjese pačjih jetrica.

j) Podijelite na 4 tanjura.

k) Na svaki tanjur stavite 2 žlice mješavine krastavaca i odmah poslužite.

23. Party palenta crostini

Napravi: 4 porcije

SASTOJCI:
- 1 pakiranje palente
- 200 grama svježe naribanog parmezana
- Maslinovo ulje za četkanje
- 3 Plum rajčice, oguljene, očišćene od sjemenki i narezane na kockice
- 1 režanj češnjaka, oguljen i sitno nasjeckan
- 6 listova svježeg bosiljka, grubo natrganih
- 4 žlice ekstra djevičanskog maslinovog ulja
- Morska sol u listićima i svježe mljeveni crni papar
- 350 grama miješanog povrća, poput tikvica i patlidžana, orezano i narezano
- 1 žličica svježeg lišća timijana
- 1 žlica balzamičnog octa
- 75 grama Dolcelatte sira, narezanog na ploške
- 6 Tankih kriški parma šunke, svaka prepolovljena

UPUTE:
ZA PALENTU:
a) Prvo pripremite palentu prema uputama na pakiranju.
b) U palentu istucite parmezan.
c) Palentu rasporedite u veliki pleh da napravite sloj debljine oko 2,5 cm.
d) Ostaviti da se ohladi.
ZA RAJČICE AL CRUDO:
e) Stavite rajčice u zdjelu i umiješajte češnjak, bosiljak i 2 žlice ulja.
f) Dobro začinite solju i svježe mljevenim crnim paprom.
ZA MARINIRANO POVRĆE SA GRILA:
g) Zagrijte lonac dok se ne zadimi, zatim dodajte preostalo ulje i stavite povrće na ringlu.
h) Pecite 3-4 minute sa svake strane dok ne porumene.
i) Prebacite u zdjelu i začinite solju, svježe mljevenim crnim paprom i listićima timijana.

j) Dodajte balsamico ocat.

ZA SASTAVLJANJE:

k) Kad se palenta ohladi i postane čvrsta, narežite je na deblje, duge prste.

l) Zagrijte roštilj na vruće. Prstiće palente premažite maslinovim uljem i stavite na grill tavu obloženu folijom.

m)   Tostirajte palentu ispod roštilja 2 minute sa svake strane dok ne porumeni i postane hrskava.

n) Prekrijte jednu trećinu prstiju palente dolcelatte sirom i nabranom parma šunkom.

o) Pecite na roštilju još 2 minute dok se sir ne otopi i ne počne mjehurići.

p) Drugu trećinu prstiju palente nadjenite al crudo rajčicama, a ostatak miješanim povrćem na žaru.

q) Krostine s palentom poslužite na velikom pladnju.

24. Crostini od kruške, endivije i potočarke

Napravi: 4 porcije

SASTOJCI:

- 4 kriške baguettea, debljine ½ inča
- 2 unce suhih trešanja
- 2 Zrele kruške
- 2 belgijske endivije, obrezane
- 1 mali svežanj potočarke, opran, osušen u centrifugi
- 4 unce Gorgonzola dolce, sobne temperature
- 6 žlica ekstra djevičanskog maslinovog ulja
- Posolite po ukusu
- Svježe mljeveni crni papar, po ukusu
- 2 žlice crvenog vinskog octa
- 1 žlica sjeckanih oraha

UPUTE:

a) Stavite suhe trešnje u malu tavu s 2 šalice vode da pokriju i zakuhajte.

b) Ostavite da se kuha 10 minuta, ocijedite i ostavite sa strane.

c) Narežite kruške na četvrtine i narežite ih na tanke ploške u veliku zdjelu za miješanje.

d) Dodajte endiviju.

e) Dodati potočarku i ostaviti sa strane.

f) Prepecite kriške baguettea s obje strane i svaku premažite s 1 unce gorgonzole. Staviti na stranu.

g) U blender stavite namočene višnje, ocat, sol i papar te ulje i miksajte dok ne dobijete glatku smjesu.

h) Ulijte u manju posudu i ostavite sa strane.

i) Stavite pola dresinga od suhih višanja u zdjelu za miješanje s kruškama, potočarkom i endivijom i promiješajte.

j) Podijelite na 4 tanjura i na svaki stavite po jedan crostini.

k) Pospite orahe preko sira i pokapajte ½ žlice vinaigreta oko dna svakog tanjura i poslužite.

25. Crostini od svinjskog filea sa salatom od jabuka i kupusa

Priprema: 12 porcija

SASTOJCI:
- 2 žlice maslinovog ulja
- 2 češnja češnjaka, mljevena
- ½ žličice soli
- ¼ žličice crnog papra
- 1 svinjski file, orezan
- 1 francuski baget, narezan na kriške od ½ inča
- 3 žlice maslaca, otopljenog
- 2 unce krem sira, omekšalog
- 2 žlice majoneze
- 2 žličice nasjeckanog svježeg timijana, plus još za ukras

SALATA OD JABUKA I KUPUSA
- 3 žlice maslinovog ulja
- ½ male jabuke Granny Smith, tanko narezane
- 2 ½ šalice sitno nasjeckanog crvenog kupusa
- 2 žlice balzamičnog octa
- ¼ žličice soli
- ¼ žličice crnog papra

UPUTE:
a) Pomiješajte 2 žlice maslinovog ulja, češnjak, sol i papar u srednjoj posudi.

b) Dodajte svinjetinu i okrenite premazan.

c) Pokrijte plastičnom folijom i ostavite da se marinira 20 minuta na sobnoj temperaturi.

d) Zagrijte pećnicu na 350 stupnjeva.

e) Zagrijte veliku tavu prikladnu za pećnicu na srednje jakoj vatri. Dodajte svinjetinu i zapecite sa svih strana.

f) Prebacite tavu u pećnicu i pecite svinjetinu 15-20 minuta.

g) Svinjetinu potpuno ohladite i narežite na ploške od ¼ inča.

h) Pomiješajte krem sir, majonezu i majčinu dušicu u maloj posudi i miješajte dok smjesa ne postane glatka. Staviti na stranu.

SALATA OD JABUKA I KUPUSA

i) Zagrijte 3 žlice maslinovog ulja u tavi.

j) Dodajte jabuke i kuhajte 1 minutu uz često miješanje.

k) Dodajte kupus i kuhajte 5 minuta.

l) Dodajte ocat, sol i papar te kuhajte 4 do 5 minuta uz često miješanje dok tekućina ne ispari.

ZA SASTAVLJANJE:

m) Obje strane kriški bageta premažite otopljenim maslacem.

n) Pecite na 350 10 do 12 minuta, dok lagano ne porumene oko rubova.

o) Smjesu krem sira namažite s jedne strane svake kriške kruha.

p) Na vrh stavite 1 do 2 kriške svinjetine.

q) Na vrh naslagati crveni kupus.

26. <u>Crostini od rajčice i bosiljka</u>

Baguette, narezan na kriške
Cherry rajčice, nasjeckane
Svježi bosiljak, nasjeckan
Češnjak, mljeveni
Maslinovo ulje
Sol i papar
Upute:
Zagrijte pećnicu na 400°F.

Stavite kriške baguettea na lim za pečenje i premažite maslinovim uljem.

Pecite u pećnici dok se lagano ne zapeče, oko 5-7 minuta.

U zdjeli pomiješajte nasjeckane rajčice, bosiljak, češnjak, maslinovo ulje, sol i papar.

Žlicom stavite smjesu rajčice na svaki crostini.

27. Crostini od kozjeg sira i smokve

Baguette, narezan na kriške
Kozji sir
Svježe smokve, narezane na ploške
Med
Balsamico ocat
Upute:
Zagrijte pećnicu na 400°F.

Stavite kriške baguettea na lim za pečenje i pecite u pećnici dok se lagano ne zapeku, oko 5-7 minuta.

Na svaki crostini namažite kozji sir.

Odozgo stavite narezane smokve.

Prelijte medom i balzamičnim octom.

28. Crostini od dimljenog lososa i krem sira

Baguette, narezan na kriške
Kremasti sir
Dimljeni losos
Kapari
Crveni luk sitno narezan
Upute:
Zagrijte pećnicu na 400°F.

Stavite kriške baguettea na lim za pečenje i pecite u pećnici dok se lagano ne zapeku, oko 5-7 minuta.

Na svaki crostini namažite krem sir.

Odozgo stavite dimljeni losos, kapare i sitno narezani crveni luk.

29. Crostini od avokada i cherry rajčice

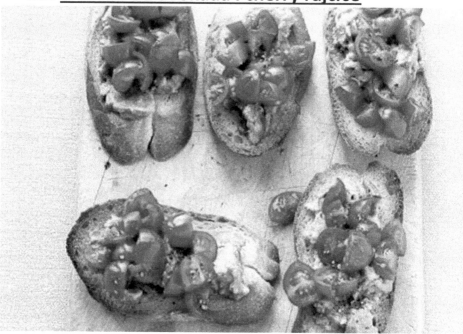

Baguette, narezan na kriške
Zreli avokado
Cherry rajčice, prepolovljene
Cilantro, nasjeckani
Sok od limete
Sol i papar
Upute:
Zagrijte pećnicu na 400°F.

Stavite kriške baguettea na lim za pečenje i pecite u pećnici dok se lagano ne zapeku, oko 5-7 minuta.

Zreli avokado zgnječite i namažite na svaki crostini.

Na vrh stavite prepolovljene cherry rajčice, nasjeckani cilantro, sok od limete, sol i papar.

30. Ricotta i Crostini od pečene paprike

Baguette, narezan na kriške
Ricotta sir
Pečene crvene paprike narezane na ploške
Svježi bosiljak, nasjeckan
Balsamic glazura
Upute:
Zagrijte pećnicu na 400°F.

Stavite kriške baguettea na lim za pečenje i pecite u pećnici dok se lagano ne zapeku, oko 5-7 minuta.

Rasporedite ricotta sir na svaki crostini.

Povrh stavite narezanu pečenu crvenu papriku, nasjeckani svježi bosiljak i prelijte glazurom od balzama.

31. Crostini s gljivama i timijanom

Baguette, narezan na kriške
Gljive, narezane na ploške
Češnjak, mljeveni
Maslinovo ulje
Svježa majčina dušica
Sol i papar
Upute:
Zagrijte pećnicu na 400°F.

Stavite kriške baguettea na lim za pečenje i pecite u pećnici dok se lagano ne zapeku, oko 5-7 minuta.

U tavi na maslinovom ulju pirjajte narezane gljive i nasjeckani češnjak dok ne porumene.

Dodajte svježi timijan, sol i papar.

Žlicom stavite smjesu od gljiva na svaki crostini.

32. Pršut i dinja Crostini

Baguette, narezan na kriške
Pršut, narezan
Dinja ili dinja, narezana na kockice
Upute:
Zagrijte pećnicu na 400°F.
2. Stavite kriške baguettea na lim za pečenje i pecite u pećnici dok se lagano ne zapeku, oko 5-7 minuta.
3. Na vrh svakog crostinija stavite krišku pršuta i nekoliko kockica dinje ili dinje.

33. Lako Basil Crostini

Baguette, narezan na kriške
Rajčice, nasjeckane
Češnjak, mljeveni
Svježi bosiljak, nasjeckan
Maslinovo ulje
Sol i papar
Upute:
Zagrijte pećnicu na 400°F.

Stavite kriške baguettea na lim za pečenje i pecite u pećnici dok se lagano ne zapeku, oko 5-7 minuta.

U zdjeli pomiješajte nasjeckane rajčice, nasjeckani češnjak, nasjeckani svježi bosiljak, maslinovo ulje, sol i papar.

Žlicom stavite smjesu rajčice na svaki crostini.

34. Feta i Olive Crostini

Baguette, narezan na kriške
Feta sir, izmrvljen
Kalamata masline, nasjeckane
Maslinovo ulje
Svježi origano, nasjeckan
Upute:
Zagrijte pećnicu na 400°F.

Stavite kriške baguettea na lim za pečenje i pecite u pećnici dok se lagano ne zapeku, oko 5-7 minuta.

Na svaki crostini rasporedite izmrvljeni feta sir.

Prelijte nasjeckanim maslinama Kalamata, maslinovim uljem i nasjeckanim svježim origanom.

35. Pesto i Crostini od sušenih rajčica

Baguette, narezan na kriške
pesto
Sušene rajčice, nasjeckane
Pinjoli
Parmezan sir, ribani
Upute:
Zagrijte pećnicu na 400°F.

Stavite kriške baguettea na lim za pečenje i pecite u pećnici dok se lagano ne zapeku, oko 5-7 minuta.

Namažite pesto na svaki crostini.

Povrh stavite nasjeckane sušene rajčice, pinjole i naribani parmezan.

36. Crostini s plavim sirom i jabukom

Baguette, narezan na kriške
Plavi sir
Zrela jabuka, tanko narezana
Med
Orasi, nasjeckani

Upute:
Zagrijte pećnicu na 400°F.

Stavite kriške baguettea na lim za pečenje i pecite u pećnici dok se lagano ne zapeku, oko 5-7 minuta.

Na svaki crostini namažite plavi sir.

Prelijte tanko narezanom zrelom jabukom, malo meda i nasjeckanim orasima.

37. Crostini od patlidžana i kozjeg sira

Baguette, narezan na kriške
Patlidžan, narezan na ploške
Kozji sir
Svježa majčina dušica, nasjeckana
Maslinovo ulje
Sol i papar
Upute:
Zagrijte pećnicu na 400°F.

Ploške patlidžana stavite na lim za pečenje i premažite maslinovim uljem.

Pecite u pećnici dok ne omekša i lagano porumene, oko 15-20 minuta.

Stavite kriške baguettea na zaseban lim za pečenje i pecite u pećnici dok se lagano ne zapeku, oko 5-7 minuta.

Na svaki crostini namažite kozji sir.

Povrh stavite pečene kriške patlidžana, nasjeckanu svježu majčinu dušicu, sol i papar.

38. Crostini sa škampima i češnjakom

Baguette, narezan na kriške
Škampi, oguljeni i očišćeni
Češnjak, mljeveni
Sok od limuna
Svježi peršin, nasjeckan
Maslinovo ulje
Sol i papar
Upute:
Zagrijte pećnicu na 400°F.
Stavite kriške baguettea na lim za pečenje i pecite u pećnici dok se lagano ne zapeku, oko 5-7 minuta.
U tavi na maslinovom ulju pirjajte oguljene i očišćene škampe sa mljevenim češnjakom dok se škampi ne skuhaju.
4. Stavite škampe na vrh svakog crostinija.

Pokapajte limunovim sokom i pospite nasjeckanim svježim peršinom, soli i paprom.

39. <u>Ricotta i Crostini od smokve</u>

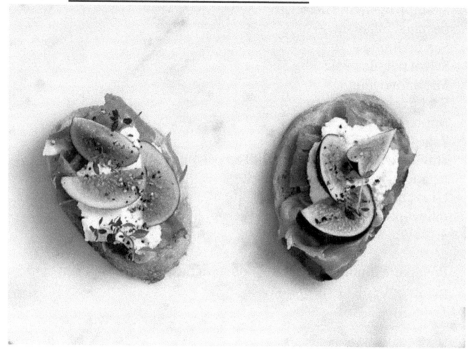

Baguette, narezan na kriške
Ricotta sir
Svježe smokve, narezane na ploške
Med
Pistacije, nasjeckane
Upute:
Zagrijte pećnicu na 400°F.

Stavite kriške baguettea na lim za pečenje i pecite u pećnici dok se lagano ne zapeku, oko 5-7 minuta.

Rasporedite ricotta sir na svaki crostini.

Povrh stavite narezane svježe smokve, malo meda i nasjeckane pistacije.

40. Crostini pašteta od pileće jetrice

Baguette, narezan na kriške
Pašteta od pileće jetrice
Cornichons, nasjeckani
Dijon senf
Svježi peršin, nasjeckan
Upute:
Zagrijte pećnicu na 400°F.

Stavite kriške baguettea na lim za pečenje i pecite u pećnici dok se lagano ne zapeku, oko 5-7 minuta.

Na svaki crostini rasporedite paštetu od pileće jetrice.

Na vrh stavite nasjeckane kornišone, malo dijon senfa i nasjeckani svježi peršin.

41. Crostini od dimljenog lososa i krem sira

Baguette, narezan na kriške
Dimljeni losos
Kremasti sir
Crveni luk sitno narezan
Kapari
Svježi kopar, nasjeckan
Upute:
Zagrijte pećnicu na 400°F.

Stavite kriške baguettea na lim za pečenje i pecite u pećnici dok se lagano ne zapeku, oko 5-7 minuta.

Na svaki crostini namažite krem sir.

Povrh stavite ploške dimljenog lososa, tanko narezan crveni luk, kapare i nasjeckani svježi kopar.

42. Brie i Apple Crostini

Baguette, narezan na kriške
Brie sir
Jabuka, tanko narezana
Med
Orasi, nasjeckani
Upute:
Zagrijte pećnicu na 400°F.

Stavite kriške baguettea na lim za pečenje i pecite u pećnici dok se lagano ne zapeku, oko 5-7 minuta.

Rasporedite Brie sir na svaki crostini.

Na vrh stavite tanko narezanu jabuku, malo meda i nasjeckane orahe.

43. Crostini od pečene crvene paprike i kozjeg sira

Baguette, narezan na kriške
Pečene crvene paprike, nasjeckane
Kozji sir
Svježi bosiljak, nasjeckan
Balsamic glazura
Upute:
Zagrijte pećnicu na 400°F.

Stavite kriške baguettea na lim za pečenje i pecite u pećnici dok se lagano ne zapeku, oko 5-7 minuta.

Na svaki crostini namažite kozji sir.

Prelijte nasjeckanom pečenom crvenom paprikom, nasjeckanim svježim bosiljkom i prelijte glazurom od balzama.

44. Crostini od tune i avokada

Baguette, narezan na kriške
Tuna iz konzerve, ocijeđena i narezana na listiće
Avokado, pasirani
Crveni luk sitno nasjeckan
Sok od limuna
Sol i papar
Upute:
Zagrijte pećnicu na 400°F.

Stavite kriške baguettea na lim za pečenje i pecite u pećnici dok se lagano ne zapeku, oko 5-7 minuta.

U zdjeli pomiješajte ocijeđenu i izrezanu tunu iz konzerve, pasirani avokado, sitno nasjeckani crveni luk, limunov sok, sol i papar.

Rasporedite mješavinu tune i avokada na svaki crostini.

45. Crostini od artičoke i parmezana

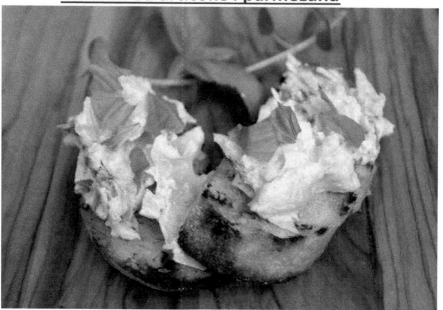

Baguette, narezan na kriške
Srca artičoke nasjeckana
Parmezan sir, ribani
Limunova korica
Maslinovo ulje
Sol i papar
Upute:
Zagrijte pećnicu na 400°F.
Stavite kriške baguettea na lim za pečenje i pecite u pećnici dok se lagano ne zapeku, oko 5-7 minuta.
U zdjeli pomiješajte nasjeckana srca artičoka, naribani parmezan, limunovu koricu, maslinovo ulje, sol i papar.
Rasporedite mješavinu artičoka i parmezana na svaki crostini.

46. Crostini od rajčice i mozzarelle

Baguette, narezan na kriške
Svježi sir mozzarella, narezan na ploške
Cherry rajčice, prepolovljene
Listovi svježeg bosiljka
Balsamic glazura
Maslinovo ulje
Sol i papar
Upute:
Zagrijte pećnicu na 400°F.

Stavite kriške baguettea na lim za pečenje i pecite u pećnici dok se lagano ne zapeku, oko 5-7 minuta.

Svaki crostini nadjenite kriškom svježeg sira mozzarelle i prepolovljenim cherry rajčicama.

Prelijte maslinovim uljem i glazurom od balzama te pospite solju i paprom.

Ukrasite listićima svježeg bosiljka.

47. <u>Breskva i pršut Crostini</u>

Baguette, narezan na kriške
Pršut, tanko narezan
Zrele breskve, narezane na kriške
Kozji sir
Med
Listovi svježeg timijana
Upute:
Zagrijte pećnicu na 400°F.

Stavite kriške baguettea na lim za pečenje i pecite u pećnici dok se lagano ne zapeku, oko 5-7 minuta.

Na svaki crostini namažite kozji sir.

Odozgo stavite tanko narezani pršut i narezane zrele breskve.

Prelijte medom i pospite listićima svježeg timijana.

48. Pečena Butternut Squash i Crostini od kadulje

Baguette, narezan na kriške
Butternut tikva, oguljena i narezana na kockice
Svježi listovi kadulje, nasjeckani
Maslinovo ulje
Sol i papar
Ricotta sir
Upute:
Zagrijte pećnicu na 400°F.

Butternut tikvicu narezanu na kockice pomiješajte s nasjeckanim svježim listovima kadulje, maslinovim uljem, soli i paprom.

Pecite u pećnici 25-30 minuta ili dok ne omekšaju i ne karameliziraju se.

Stavite kriške baguettea na lim za pečenje i pecite u pećnici dok se lagano ne zapeku, oko 5-7 minuta.

Rasporedite ricotta sir na svaki crostini.

Povrh stavite pečenu butternut tikvicu i pospite dodatnim listićima svježe kadulje.

49. Crostini od kozjeg sira i sušenih rajčica

Baguette, narezan na kriške
Kozji sir
Sušene rajčice, nasjeckane
Listovi svježeg bosiljka, nasjeckani
Balsamic glazura
Upute:
Zagrijte pećnicu na 400°F.

Stavite kriške baguettea na lim za pečenje i pecite u pećnici dok se lagano ne zapeku, oko 5-7 minuta.

Na svaki crostini namažite kozji sir.

Povrh stavite nasjeckane sušene rajčice i nasjeckane listove svježeg bosiljka.

Prelijte glazurom od balzama.

50. Crostini s plavim sirom i kruškom

Baguette, narezan na kriške
Plavi sir
Zrele kruške, narezane na kriške
Med
Orasi, nasjeckani
Upute:
Zagrijte pećnicu na 400°F.
Stavite kriške baguettea na lim za pečenje i pecite u pećnici dok se lagano ne zapeku, oko 5-7 minuta.
Na svaki crostini namažite plavi sir.
Na vrh stavite narezane zrele kruške, malo meda i nasjeckane orahe.
Isprobajte ove ukusne i kreativne recepte za crostinije za svoju sljedeću zabavu ili okupljanje. Jednostavni su za napraviti i impresionirat će vaše goste svojim okusom i prezentacijom.
Uživati!

BRUSCHETTA

51. Bruschetta od masline

Čini: 16-24

SASTOJCI:
- 4 kriške pain au levain, izrezane na 4 do 6 komada po kriški
- 2 češnja češnjaka
- Otprilike 1 žlica ekstra djevičanskog maslinovog ulja
- 4 unce feta sira, narezanog
- Naribana korica 1 limuna
- 4 unce Jacka, fontine ili blagog Asiaga, tanko narezanog
- Oko 3 unce mlade rikule

UPUTE:
a) Prethodno zagrijte brojlere.
b) Lagano prepecite kruh ispod peke. Maknite s vatre i obje strane natrljajte češnjakom.
c) Stavite tost nariban češnjakom na lim za pečenje i vrlo lagano pokapajte s malo maslinovog ulja, zatim naslažite feta sirom, pospite koricom limuna, na vrh stavite Jack sir i na kraju pokapajte maslinovim uljem.
d) Pecite dok se sir ne otopi i lagano zapuhne.
e) Poslužite odmah, svaki maleni sendvič sa sirom na žaru s otvorenim licem prekriven malom šakom listova rikule.

52. **Bruschetta s pestom**

Proizvodi: 10

SASTOJCI:
PEŠTO

- 3 žlice nasjeckanih i prženih oraha
- 2 šalice bosiljka
- Prstohvat morske soli
- 2 češnja češnjaka, mljevena
- ¼ šalice svježe ribanog parmezana
- ½ do ¾ šalice maslinovog ulja

BRUSCHETTA

- 3 žlice maslinovog ulja
- 1 štruca ciabatta kruha, izrezana na kriške
- 3 naslijeđene ili organske rajčice, narezane na kriške
- 3 žlice balzamičnog octa

UPUTE:
PEŠTO

a) U sjeckalici sameljite orahe u oštro brašno.

b) Dodajte bosiljak, sol, češnjak i parmezan u procesor hrane.

c) Dodajte ¾ šalice maslinovog ulja u laganom ravnomjernom mlazu.

BRUSCHETTA

d) Zagrijte pećnicu na 350°F.

e) Premažite kriške kruha maslinovim uljem i tostirajte 3 minute.

f) Izvadite iz pećnice i svaku krišku kruha pokrijte kriškama rajčice, pestom i malo balzamičnog octa.

53. Bruskete od kivija, jagoda i plavog sira

Priprema: 12 porcija

SASTOJCI:
- 12 kriški kivija
- 12 srednjih jagoda, oljuštenih i narezanih
- 1 žličica šećera
- ¼ šalice krem sira smanjene masnoće
- ¼ šalice izmrvljenog plavog sira
- 2 žličice vode, po potrebi
- 1 žlica svježeg vlasca, sitno nasjeckanog, plus još za ukras
- ¼ žličice svježe mljevenog papra
- 12 kriški bageta od cjelovitog zrna, zagrijanog ili prepečenog

UPUTE
a) Pomiješajte kivi, jagode i šećer u srednjoj posudi i ostavite da odstoji.

b) Pomiješajte krem sir i plavi sir u maloj posudi koristeći vilicu. Dodajte vodu, ako je potrebno, za gustu, ali mazivu konzistenciju. Umiješajte 1 žličicu vlasca i papar.

c) Na svaki komad bageta rasporedite otprilike 1 žličicu smjese sira. Prelijte smjesom kivija i jagoda. Ukrasite posipom vlasca.

54. Panisse bruschetta s mikrozelenjem bosiljka

Proizvodi: blok Panisse od 21 unce

SASTOJCI:
PRELJEV
- 2 žličice maslinovog ulja
- 1½ šalice cremini gljiva, narezanih na ploške
- ½ žličice soli
- Limenka cannellini graha od 15 unci, isprana
- ¾ šalice mikrozelenja bosiljka

KOLAČI OD SLANUTKA
- 1 šalica brašna od slanutka
- 2 ¼ šalice vode
- 1 žlica maslinovog ulja
- nekoliko prstohvata soli i papra

UPUTE:

a) U tavi zagrijte maslinovo ulje pa dodajte narezane gljive. Pospite solju.

b) Nakon što se gljive ohlade, pomiješajte ih s cannellini grahom i mikrozelenjem bosiljka.

c) Pomiješajte sve sastojke za tortu od slanutka u posudi za miješanje.

d) Zagrijte praznu neljepljivu tavu na umjerenoj vatri da skuhate tijesto od slanutka.

e) U tavu dodajte nekoliko žličica maslinovog ulja i pričekajte da se ugrije još minutu-dvije. Kada panisse dotakne tavu, želite da zacvrči.

f) Ulijte tijesto u tavu. Neprestano miješajte tijesto pjenjačom dok se ne zgusne, a zatim ga prebacite u gumenu lopaticu otpornu na toplinu i miješajte još nekoliko minuta.

g) Pustite da se malo ohladi prije nego što ga prekrijete plastičnom folijom, pritisnete uz vrh da se zapečati i stavite u hladnjak da se potpuno ohladi na sat vremena ili preko noći.

h) Nakon što se blok ohladi, prerežite ga na pola i svaku polovicu narežite na kriške debljine ½ inča.

PANISE

i) Zagrijte praznu tavu na umjerenoj vatri nekoliko minuta, zatim dodajte 1 ili 2 žličice maslinovog ulja i pažljivo dodajte kriške Panisse.

j) Pirjajte 3-5 minuta sa svake strane ili dok ne poprimi zlatnu boju i završite preljevom.

55. Bruschetta s balzamom

Proizvodi: 8

SASTOJCI:
- 1 šalica romskih rajčica očišćenih od sjemenki i narezanih na kockice
- ¼ šalice nasjeckanog bosiljka
- ½ šalice nasjeckanog pecorino sira
- 1 mljeveni češanj češnjaka
- 1 žlica balzamičnog octa
- 1 žličica maslinovog ulja
- Posolite i popaprite po ukusu – pažljivo, jer je sir sam po sebi pomalo slan.
- 1 narezana štruca francuskog kruha
- 3 žlice maslinovog ulja
- ¼ žličice češnjaka u prahu
- ¼ žličice bosiljka

UPUTE:
a) U posudi za miješanje pomiješajte rajčice, bosiljak, pecorino sir i češnjak.

b) U maloj zdjeli za miješanje pomiješajte ocat i 1 žlicu maslinovog ulja i ostavite sa strane. c) Kriške kruha pokapajte maslinovim uljem, češnjakom u prahu i bosiljkom.

c) Stavite na posudu za pečenje i tostirajte 5 minuta na 350 stupnjeva.

d) Izvadite ga iz pećnice. Zatim dodajte smjesu rajčice i sira na vrh.

e) Po potrebi začinite solju i paprom.

f) Poslužite odmah.

56. Bruschetta sa sirom na žaru

Napravi: 4 porcije

SASTOJCI:
- 8 debelih segmenata kruha
- ¼ šalice maslinovog ulja
- 5 češnjeva protisnutog češnjaka
- 1 šalica Monterey Jack sira
- 8 unci mekog kozjeg sira
- 2 žlice crnog papra
- 2 žlice origana

UPUTE:
a) Svaki dio kruha premažite uljem od češnjaka.

b) Pecite na roštilju dok ne porumeni, s uljnom stranom prema dolje.

c) Svaki dio prije posluživanja pospite 2 žlice Monterey Jacka, 1 unce kozjeg sira, crnim paprom i origanom.

d) Pecite na roštilju dok se sir ne počne topiti.

57. Bruschetta s pršutom i mozarellom

Priprema: 3 porcije

SASTOJCI:
- ½ šalice sitno nasjeckanih rajčica
- 3 oz nasjeckane mozzarelle
- 3 ploške pršuta nasjeckane
- 1 žlica maslinovog ulja
- 1 žličica sušenog bosiljka
- 6 malih kriški francuskog kruha

UPUTE:
a) Zagrijte fritezu na 350 stupnjeva F. Stavite kriške kruha i tostirajte 3 minute. Na vrh kruha stavite rajčice, pršut i mozzarellu. Pospite bosiljak preko mozzarelle. Pokapati maslinovim uljem.

b) Vratite u fritezu i kuhajte još 1 minutu, dovoljno da se rastopi i zagrije.

58. Slojeviti tost s avokadom

Priprema: 2 porcije

SASTOJCI:
- 1 žlica maslaca bez mliječnih proizvoda
- 4 unce ekstra čvrstog tofua, ocijeđenog i protisnutog
- ¼ žličice crne soli
- ¼ žličice luka u prahu
- Prstohvat kurkume
- 1 avokado
- Prstohvat mljevenog crnog papra
- 1 žličica soka od limete
- 2 kriške kruha od proklijalih žitarica

UPUTE:
a) Dodajte maslac u tavu i zagrijte ga na srednje jakoj vatri. Izmrvite tofu u tavu. Pospite solju, lukom u prahu i kurkumom i pirjajte oko 4 minute, pazeći da je tofu sitno izmrvljen.

b) U maloj posudi zgnječite avokado s paprom i sokom limete.

c) Tostirajte kruh. Na svaki komad tosta rasporedite polovinu pripremljenog avokada. Na svaki komad tosta stavite polovinu pripremljenog tofua. Prerežite tostove na pola pod kutom.

59. Začinjeni sendvič od zelene leće

Napravi: 8 porcija

SASTOJCI:
- 1 šalica zelene leće
- 1 manji krumpir, otprilike ½ šalice pire krumpira
- ½ šalice nasjeckanog luka
- 1 mrkva, sitno nasjeckana u sjeckalici
- ¾ šalice starinske zobi
- ½ šalice pepita ili sjemenki suncokreta
- 1 žlica sjemenki konoplje, tostiranih u ljusci
- 1 šalica krušnih mrvica
- 4 žlice tamarija
- 1 žličica mljevenog đumbira
- 1½ žličice dimljene paprike
- ½ žličice soli
- ¼ žličice mljevenog crnog papra
- 1 žlica kokosovog ulja
- 8 peciva za sendviče

UPUTE:

a) Stavite 2 šalice vode i leću u veliki lonac. Poklopite i pustite da zavrije. Smanjite na minimum i kuhajte 20 minuta. Ocijedite preostalu tekućinu s leće, ako je ima. Ostavite leću sa strane.

b) Oštrim nožem par puta probosti krumpir. Zamotajte u vlažni papirnati ručnik. Stavite u mikrovalnu pećnicu i kuhajte na visokoj temperaturi 4 minute ili dok krumpir ne budete mogli lako stisnuti. Krompir oguliti i dobro zgnječiti. Staviti na stranu.

c) Zagrijte 2 žlice vode u tavi na srednje jakoj vatri. Dodajte luk i pirjajte 10 minuta. Maknite s vatre.

d) U veliku zdjelu dodajte leću, krumpir, luk i ostale sastojke, osim ulja i peciva.

e) Dobro promiješajte. Oblikujte osam pljeskavica veličine vaših peciva za sendviče.

f) Zagrijte ulje u tavi i ispecite pljeskavice od leće sa svake strane bez gužvanja.

g) Peciva premažite svim svojim omiljenim začinima i drugim dodacima po vašem izboru.

h) Također možete zamrznuti dodatne pljeskavice za buduća jela.

60. Bruschetta s mascarponeom i malinama

Priprema: 1 Bruschetta

SASTOJCI:
- 1 kriška seoskog kruha, debljine oko ½ inča
- Mascarpone
- Šaka zrelih malina
- Biljni ili mirisni med

UPUTE:
a) Kruh lagano ispecite ili tostirajte. Premažite mascarponeom.
b) Na vrh stavite maline i malo pokapajte medom po vrhu.

61. Salata od pečene ribe na brusketi

Napravi: 6 porcija

SASTOJCI:
- Maslinovo ulje, za roštiljanje
- 1½ funte ribljeg fileta
- 1 velika crvena paprika, očišćena od sjemenki i izrezana na kruške
- 1 tikvica
- 1 Crookneck tikva
- 1 manji patlidžan, narezan na šibice
- 1 vezica svježeg lišća bosiljka grubo nasjeckanog
- Sjeckani peršin
- 2 češnja češnjaka, mljevena
- 1 češanj češnjaka, cijeli
- 1 limun, sok
- Sol i papar
- 3 velike rajčice, prerezane na pola
- 6 kriški talijanskog kruha, debljine ½ inča
- Sjeckani peršin, šaka

UPUTE:
a) Zagrijte roštilj na ugljen ili plin ili rešetkastu rešetku za kuhanje dok se ne zagrije. Ručnikom umočenim u ulje utrljajte rešetke.

b) Riblji file i sve narezano povrće lagano premažite uljem. Započnite pečenjem ribljeg nadjeva na žaru dok se ne skuha.

c) Ribu lopaticom izvadite iz roštilja i ostavite sa strane da se ohladi. Zatim pecite povrće dok se ne vide tragovi roštilja i povrće ne omekša. Uklonite povrće s roštilja lopaticom ili hvataljkama i ostavite sa strane da se ohladi.

d) Kad je riba dovoljno hladna za rukovanje, razdvojite je na male komadiće i uklonite sve kosti. Papriku narežite na tanke trakice. U srednjoj zdjeli pomiješajte ribu, trakice papra, bosiljak, peršin, mljeveni češnjak, ekstra djevičansko maslinovo ulje, limunov sok te sol i papar po ukusu. Pokrijte zdjelu kuhinjskom krpom i ostavite sa strane da se marinira na sobnoj temperaturi. Tikvicu i patlidžan narežite na tanke poprečne trakice. Bacite ih zajedno u malu zdjelu i ostavite sa strane.

e) Neposredno prije nego budete spremni za posluživanje ispecite rajčice na roštilju. Kad omekša, prebaciti lopaticom na tanjur.

f) Pecite kriške kruha s obje strane. Kad maknete kruh s roštilja, jednu stranu svake ploške natrljajte cijelim režnjem češnjaka i pokapajte s malo ulja. Polovicu rajčice spljoštite na svaku krišku kruha i utrljajte je u kruh.

g) Stavite bruskete na veliki pladanj. Po vrhu svaki komad stavite trakice tikvica i patlidžana i žlicom nanesite riblju salatu. Ukrasite nasjeckanim peršinom.

62. Desert bruschetta od malina

Izrađuje: 1 porciju

SASTOJCI:
- ½ šalice krem sira
- 2 žlice Pola-pola
- ¼ šalice šećera
- 1 naranča, korica
- 2 žlice likera od naranče
- 2 žlice paste od badema
- 1 Prstohvat mljevenog muškatnog oraščića
- 1 žlica ekstrakta vanilije
- 6 kriški Bistro Challah
- 2 žlice neslanog maslaca
- 3 šalice svježih malina
- ½ šalice prženih badema

UPUTE:
a) U multipraktik ili mikser stavite krem sir, pola-pola i šećer, te promiješajte da krem sir omekša. Zaustavite stroj i ostružite stranice.

b) Pustite stroj još nekoliko sekundi, zatim stanite i dodajte koricu, liker, pastu od badema, muškatni oraščić i vaniliju.

c) Procesirajte samo dok se smjesa temeljito ne izmiješa. Izvadite iz procesora i ostavite sa strane.

d) Premažite maslacem jednu stranu kriški challah i prepecite obje strane na roštilju ili ispod pečenja. Ostavite tost da se ohladi minutu, a zatim ga prepolovite po dijagonali.

e) Namažite svaki tost izdašnom količinom smjese krem sira. Prelijte svaki tost otprilike ¼ šalice bobičastog voća. Pospite prženim bademima i poslužite.

63. Gratinirane bruskete od patlidžana

Priprema: 1 porcija

SASTOJCI:
- 1 Patlidzan sa korom
- 1 šalica umaka od rajčice
- 1 šalica ribanog mozzarella sira
- 1 žlica mažurana
- 4 kriške kruha od cjelovitog zrna pšenice

UPUTE:
a) Patlidžan narežite na okrugle ploške. Ploške popržite u tavi na malo ulja.

b) Tostirajte kruh. Preko tosta rasporedite umak od rajčice.

c) Na vrh stavite ploške patlidžana. Pospite naribani sir mozzarella.

d) Malo pospite mažuranom.

e) Stavite u pećnicu ispod pečenice na 2-3 minute ili dok sir ne porumeni.

64. Bruschetta romana piccante

Napravi: 4 porcije

SASTOJCI:
- ¾ žličice crvenog vinskog octa
- ¼ šalice maslinovog ulja
- 6 žlica nasjeckanog peršina
- 3 žlice nasjeckanog bosiljka
- ½ žličice češnjaka, mljevenog
- ⅛ žličice pahuljica crvene paprike
- 6 kriški talijanskog seoskog kruha, izrezanih ¾ inča debljine i prepolovljenih
- 1 žlica maslinovog ulja

UPUTE:
a) Umiješajte ocat i ulje.

b) Umiješajte peršin i bosiljak. Dodajte češnjak i papar u listićima.

c) Ostavite 2 sata da se okusi prožmu.

d) Kriške kruha pecite na roštilju ili tostirajte.

e) Dok su još tople premažite ih s malo maslinovog ulja, premažite preljevom od brusketa i poslužite.

65. Bruskete od robiole s uljem od bijelog tartufa

Priprema: 1 porcija

SASTOJCI:
- 1 štruca francuskog kruha, dijagonalno narezana
- Režanj češnjaka
- ¼ šalice maslinovog ulja
- ½ šalice Robiola sira
- Ulje bijelog tartufa

UPUTE:
a) Prethodno zagrijte brojlere.
b) Pecite kruh na vrućoj gril tavi 1 do 2 minute sa svake strane.
c) Maknite s vatre, natrljajte režnjem češnjaka s jedne strane i lagano premažite maslinovim uljem.
d) Stavite tostove na lim obložen folijom.
e) Prelijte sirom Robiola i stavite ga ispod prethodno zagrijane peći dok se ne otopi i postane mjehurić.
f) Izvadite iz pećnice, pokapajte uljem od tartufa i odmah poslužite.

66. Squash i portobello bruschetta

Napravi: 6 porcija

SASTOJCI:

- 1¾ funte Butternut Squash ili Tikve s narančastim mesom
- ¾ funte Portobello gljive, očišćene, bez peteljki
- 3 češnja češnjaka
- Sol i svježe mljeveni papar, po ukusu
- 1 žlica nasjeckanog svježeg origana
- 1 žlica nasjeckanog svježeg ružmarina
- 2 žlice balzamičnog octa
- ¼ šalice pilećeg temeljca s niskim udjelom natrija, obranog od masti
- ¼ šalice mekog kozjeg sira
- 6 kriški seoskog kruha od cjelovitog zrna pšenice
- Maslinovo ulje u spreju

UPUTE:

a) Zagrijte pećnicu na 425 stupnjeva s rešetkom u sredini. Poprskajte posudu za pečenje sprejom za kuhanje. Tikvu prepolovite po dužini. Uklonite sjemenke i vlakna te ih ogulite. Tikvu narežite na komade od ½ inča.

b) Narežite portobellos na komade od ½ inča. Tikvu i šampinjone premjestite u tavu, neka budu odvojene.

c) Dodajte češnjak. Sve poprskajte sprejom za kuhanje. Pospite solju i paprom te polovicom origana i ružmarina.

d) Kuhajte dok portobellos ne omekša, 15 - 20 minuta, i izvadite portobellos. Tikvu raširite po tepsiji okrećući lopaticom. Povećajte toplinu na 450 stupnjeva.

e) Kuhajte dok tikva ne omekša, a češnjak ne omekša, još oko 15 minuta. Izvadite iz pećnice. Izvadite režnjeve češnjaka i rezervirajte.

f) Vratite portobellos u tavu i stavite na srednje jaku vatru na štednjak.

g) Dodajte ocat, pileći temeljac i preostalu polovicu origana i ružmarina i stružite po dnu tave kako biste uklonili sve kuhane komadiće.

h) Kuhajte, često miješajući dok tekućina ne postane glazura, 2 - 3 minute. Prebacite smjesu u veliku zdjelu. Neka se malo ohladi.

i) Uklonite otprilike ⅓ kockica tikvice iz smjese i premjestite ih u zdjelu srednje veličine. Stražnjom stranom noža sastružite omekšalo meso češnjaka sa svakog režnja. Dodajte u zdjelu. Dodajte kozji sir.

j) Vilicom zdrobite sastojke u pastu. Staviti na stranu. Lagano prepecite kriške kruha u grill tavi ili ispod pečenja. Svaku namažite pastom od tikve.

k) Prelijte svaku smjesom od tikvica i portobella.

l) Ukrasite origanom i ružmarinom.

67. Bruschetta od luka

Izrađuje: 1 porciju

SASTOJCI:
- 3 žlice maslinovog ulja
- 5 velikih lukova luka ili mladog luka, narezanog na tanke ploške
- 4 kriške francuskog kruha
- Papar
- Svježe naribani sir Romano

UPUTE:
a) Prethodno zagrijte brojlere. Zagrijte ulje u teškoj maloj tavi na srednje jakoj vatri.

b) Dodajte ljutiku i pirjajte dok ne omekša, često miješajući, oko 5 minuta.

c) Pecite 1 stranu kruha dok se ne ispeče. Smjesu ljutike namažite na drugu stranu kruha.

d) Obilno pospite paprom i sirom.

e) Pecite dok ne počnu rumeniti. Poslužite odmah.

68. Stracchino bruschetta

Napravi: 4 porcije

SASTOJCI:
- 1 francuski baguette, narezan na diskove od ½ inča
- 400 grama Stracchina
- 2 Svježa kobasica
- Papar i sol
- Kapari

UPUTE:
a) U zdjeli pomiješajte stracchino i kobasicu.
b) Žlicom staviti dobar sloj umaka.
c) Ukrasite kaparima i stavite u pećnicu da se tostiraju, kad se stracchino počne topiti, gotovi su,
d) Poslužite ih vruće,

69. Bruschetta od blitve

Pravila: 24 porcije

SASTOJCI:
- ½ funte crvene blitve
- 4 češnja češnjaka, mljevena
- Neljepljivi sprej za kuhanje maslinovog ulja
- 2 žlice vode
- 1 žlica mljevenog kopra
- Sol i papar
- ½ šalice nemasnog svježeg sira
- 24 kriške francuskog kruha, prepečenog
- 2 žličice maslaca
- ½ šalice svježih krušnih mrvica

UPUTE:

a) Blitvi uklonite peteljke i narežite je na komade od ½ inča. Izrežite lišće na komade od 2 inča.

b) Pirjajte nasjeckane stabljike blitve i 2 režnja češnjaka u tavi poprskanoj neljepljivim sprejom za kuhanje na srednjoj vatri 1 minutu.

c) Dodajte vodu, smanjite vatru i pirjajte poklopljeno dok ne omekša, oko 10 minuta.

d) Umiješajte nasjeckane listove blitve i kuhajte na jakoj vatri dok ne uvenu, 1 do 2 minute.

e) Smanjite vatru, poklopite i kuhajte još 10 minuta.

f) Maknite s vatre i umiješajte kopar. Začinite po ukusu solju i paprom. Staviti na stranu.

g) Pasirajte svježi sir u blenderu ili procesoru hrane dok ne postane glatko.

h) Umiješajte sol po ukusu. Rastopite maslac u maloj tavi na srednje niskoj temperaturi.

i) Dodajte preostala 2 režnja češnjaka i pirjajte, miješajući, dok ne omekša, ali ne porumeni, oko 1 minutu.

j) Umiješajte krušne mrvice da se obliože češnjakom i maslacem i kuhajte, miješajući, dok ne porumene, 1 do 2 minute.

k) Svaku krišku tostiranog kruha namažite s otprilike 1 žličicom pasiranog svježeg sira.

l) Na vrh stavite otprilike 1 žlicu blitve, pa pospite prepřženim krušnim mrvicama.

70. Bruskete od tune

Napravi: 4 porcije

SASTOJCI:
- 4 češnja češnjaka
- ¼ šalice ekstra djevičanskog maslinovog ulja
- 8 kriški prepečenog francuskog kruha
- 2 šalice nasjeckanih rajčica šljiva
- 1 šalica naribanog sira mozzarella, ocijeđenog
- Limenka bijele tune od 6 unci, ocijeđena i narezana na listiće
- 2 žlice nasjeckanog svježeg peršina
- ½ žličice soli
- Crni krupno mljeveni papar
- Bibb zelena salata

UPUTE:
a) U blenderu ili zdjeli multipraktika s metalnom oštricom pomiješajte češnjak i ulje.

b) Premažite mješavinom ulja jednu stranu svakog komada tosta i ostavite preostalu mješavinu ulja.

c) U srednjoj zdjeli lagano pomiješajte rajčice, sir, tunu, peršin i sačuvano ulje. Po želji dodajte sol i papar.

d) Stavite otprilike ½ šalice mješavine tune na svaki komad tosta.

e) Stavite 2 komada tosta na svaki tanjur za salatu obložen zelenom salatom.

71. Bruschetta od šumskih gljiva

Priprema: 1 porcija

SASTOJCI:
- 2 žlice maslinovog ulja
- 2 češnja češnjaka, nasjeckana
- 3 žlice mljevenog luka
- 2 šalice miješanih gljiva, nasjeckanih
- 1 žličica osušene majčine dušice
- 1 žličica osušenog bosiljka
- Sol
- Papar
- Balsamico ili crveni vinski ocat
- 1 baget

UPUTE:
a) U tavi zagrijte maslinovo ulje. Kuhajte češnjak i luk dok ne porumene.

b) Dodajte gljive, timijan, bosiljak, sol i papar. Dodajte malo octa.

c) Kuhajte dok gljive ne počnu venuti. Narežite baguette na ½'' kriške i tostirajte.

d) Baguette nadjenite šampinjonima i poslužite.

72. Popaprena pileća jetrica, brusketa od kadulje i prženog luka

Izrađuje: 1 porciju

SASTOJCI:
- 2 žlice biljnog ulja
- 1 mali luk, prepolovljen po dužini i narezan na tanke ploške
- ½ funte pilećih jetrica, obrezanih i prepolovljenih
- 2 velika režnja češnjaka, narezana na ploške
- 2 velika lista svježe kadulje, mljevena
- 1 žličica svježe mljevenog crnog papra ili po ukusu
- 1 žličica krupne soli
- Prstohvat mljevene aleve paprike ili po ukusu
- 24 inča duga hrskava talijanska štruca izrezana poprečno na kriške od ½ inča
- 1 češanj češnjaka
- ¼ šalice ekstra djevičanskog maslinovog ulja

UPUTE:
a) Pecite kriške kruha na rešetki postavljenoj oko 4 inča iznad užarenog ugljena 1 do 1 ½ minute sa svake strane, ili dok ne porumene i postanu hrskave izvana, ali još uvijek mekane iznutra.

b) Tost s jedne strane natrljajte češnjakom i istu stranu lagano premažite uljem.

c) U velikoj tavi zagrijte ulje na umjereno jakoj vatri dok se ne zagrije ali ne zadimi i u njemu pirjajte luk, miješajući, dok ne porumeni. Prebacite luk šupljikavom žlicom na papirnate ručnike da se ocijedi.

d) Osušite pileća jetrica. Dodajte češnjak u tavu i kuhajte na umjerenoj vatri, miješajući, dok ne porumeni.

e) Dodajte pileća jetrica i pirjajte ih na umjereno jakoj vatri dok ne poprime zlatnu boju i budu elastični na dodir, oko 2 minute sa svake strane.

f) Umiješajte mljevenu ili izmrvljenu kadulju, papar, sol i alevu papriku te u kuhači grubo izgnječite.

g) Stavite oko 2 žličice mješavine pileće jetrice na nauljenu stranu svakog tosta i ukrasite lukom i listovima kadulje.

73. Bruskete od paprike

Napravi: 4 porcije

SASTOJCI:
- 1 velika crvena paprika
- 2 žlice maslinovog ulja
- 1 žlica soka od limuna
- 3 žlice kapara
- 2 režnja češnjaka, oguljena, narezana na ploške
- 2 lista bosiljka, tanko narezana

UPUTE:
a) Zagrijte pećnicu na 400F. Paprike oprati i dobro ocijediti. Raširite aluminijsku foliju preko dna posude za pečenje. Paprike stavite na foliju i pecite dok kora ne postane mjehurasta i ne zaprži se. Paprike okrenuti i isto učiniti sa svih strana. Izvadite iz pećnice.

b) Podignite kutove folije i savijte ih zajedno kako biste zatvorili paprike.

c) Pustite da odstoji 30 minuta, pokriveno kuhinjskom krpom. Odmotajte foliju i uklonite peteljke, sjemenke i pougljenjenu kožicu s paprika. Spremite svu tekućinu u zdjelu za miješanje, jer okus tekućine čini jelo.

d) Paprike narežite na trakice od ½ inča.

e) Stavite u zdjelu za miješanje sa sačuvanom tekućinom. Dodajte maslinovo ulje, limunov sok, kapare, češnjak i bosiljak.

f) Stavite u hladnjak na nekoliko sati ili preko noći. Odlično uz svježi, talijanski kruh, u sendvičima ili kao prilog.

74. Salata od radiča na žaru s brusketom od bijelog graha

Napravi: 4 porcije

SASTOJCI:
- 1 šalica kuhanog cannellini graha
- 6 žlica ekstra djevičanskog maslinovog ulja
- 6 žlica balzamičnog octa
- ½ žličice zdrobljenih pahuljica crvene paprike
- 2 žlice listova bosiljka, narezanog šifona
- 1 režanj češnjaka, narezan na tanke ploške
- Sol, po ukusu
- Svježe mljeveni crni papar, po ukusu
- 4 kriške talijanskog kruha, debljine 1\", pečene na žaru
- 2 veće glavice Radiča

UPUTE:
a) Prethodno zagrijte roštilj ili brojler. U posudi za miješanje lagano promiješajte mahune s 2 žlice maslinova ulja i 2 žlice octa, bosiljkom i češnjakom, pazite da ih ne slomite. Posolite i popaprite. Prerežite radič na pola od vrha prema dolje i stavite suh na roštilj ili pečenje i kuhajte dok ne uvene, oko 3 minute po strani.

b) Uklonite s roštilja i svaku polovicu ponovno prerežite na pola kako biste oblikovali klinove. Izrežite dio jezgre i odvojite svaki list od glave. Izvađene listove uspite u zdjelu za miješanje s preostalim uljem i octom te začinite solju i paprom. Rasporedite radič na četiri tanjura kao prste da oblikuju ruku.

c) Podijelite smjesu graha na četiri svježe pečene kriške kruha, stavite ih u sredinu svake mješavine salate.

75. Bruschetta s bresaolom, patlidžanom i mozzarellom

Napravi: 4 porcije

SASTOJCI:
- 3 žlice djevičanskog maslinovog ulja
- ½ srednjeg crvenog luka, tanko narezanog
- 2 mala japanska patlidžana
- 2 žlice crvenog vinskog octa
- ½ funte svježe mozzarelle
- 8 listova bosiljka, šifon
- 4 veće kriške talijanske zemlje
- Kruh
- ¼ funte Bresaola, tanko narezani papir

UPUTE:
a) U tavi od 10 do 12 inča zagrijte maslinovo ulje dok se ne zadimi.

b) Dodajte luk i kuhajte dok ne omekša, oko 9 do 10 minuta.

c) U međuvremenu narežite patlidžan na kolutove debljine ¼ inča.

d) Kad je luk omekšao, u šerpu dodati patlidžan i kuhati uz redovito miješanje dok patlidžan ne potamni i omekša.

e) Dodajte 2 žlice crvenog vinskog octa i maknite s vatre da se ohladi.

f) Svježu mozzarellu narežite na kockice od ¼ inča i dodajte u ohlađenu smjesu od patlidžana.

g) Dodajte bosiljak i začinite po ukusu solju i paprom.

h) Pecite kruh na roštilju ili tostirajte s obje strane i žlicom obilno prelijte svaku krišku kruha. Stavite 3 kriške Bresaole preko smjese od patlidžana i poslužite.

76. Klasične bruskete od rajčice

Baguette, narezan na kriške
Rajčice, narezane na kockice
Češnjak, mljeveni
Listovi svježeg bosiljka, nasjeckani
Maslinovo ulje
Balsamico ocat
Sol i papar
Upute:
Zagrijte pećnicu na 400°F.

Stavite kriške baguettea na lim za pečenje i pecite u pećnici dok se lagano ne zapeku, oko 5-7 minuta.

U zdjeli pomiješajte rajčice narezane na kockice, nasjeckani češnjak, nasjeckane listove svježeg bosiljka, maslinovo ulje, balzamični ocat, sol i papar.

Žlicom nanesite smjesu rajčice na svaku krišku brusketa.

77. <u>Bruschetta od avokada</u>

Baguette, narezan na kriške
Avokado, pasirani
Crveni luk narezan na kockice
Cherry rajčice narezane na kockice
Sok od limete
Svježi cilantro, nasjeckan
Sol i papar
Upute:
Zagrijte pećnicu na 400°F.

Stavite kriške baguettea na lim za pečenje i pecite u pećnici dok se lagano ne zapeku, oko 5-7 minuta.

U zdjeli pomiješajte pasirani avokado, crveni luk narezan na kockice, cherry rajčice narezane na kockice, sok limete, nasjeckani svježi cilantro, sol i papar.

Žlicom rasporedite smjesu od avokada na svaku krišku brusketa.

78. Bruschetta s gljivama i kozjim sirom

Baguette, narezan na kriške
Gljive, narezane na ploške
Kozji sir
Listovi svježeg timijana
Maslinovo ulje
Sol i papar
Upute:
Zagrijte pećnicu na 400°F.

Stavite kriške baguettea na lim za pečenje i pecite u pećnici dok se lagano ne zapeku, oko 5-7 minuta.

U tavi pirjajte narezane gljive s maslinovim uljem, listićima svježeg timijana, soli i paprom dok ne omekšaju i lagano porumene.

Na svaku krišku bruskete namažite kozji sir.

Povrh stavite pirjane gljive i još listića svježeg timijana.

79. Bruskete od pečene crvene paprike

Baguette, narezan na kriške
Pečene crvene paprike, nasjeckane
Češnjak, mljeveni
Svježi peršin, nasjeckan
Maslinovo ulje
Sol i papar
Upute:
Zagrijte pećnicu na 400°F.

Stavite kriške baguettea na lim za pečenje i pecite u pećnici dok se lagano ne zapeku, oko 5-7 minuta.

U zdjeli pomiješajte nasjeckanu pečenu crvenu papriku, nasjeckani češnjak, nasjeckani svježi peršin, maslinovo ulje, sol i papar.

Žlicom nanesite mješavinu crvene paprike na svaku krišku brusketa.

80. Bruskete od pršuta i smokava

Baguette, narezan na kriške
Pršut, tanko narezan
Svježe smokve, narezane na ploške
Kozji sir
Med
Listovi svježeg timijana
Upute:
Zagrijte pećnicu na 400°F.
Stavite kriške baguettea na lim za pečenje i pecite u pećnici dok se lagano ne zapeku, oko 5-7 minuta.
Na svaku krišku bruskete namažite kozji sir.

Odozgo stavite tanko narezani pršut i ploške svježe smokve.

Prelijte medom i pospite listićima svježeg timijana.

81. Bruschetta s bijelim grahom i rukolom

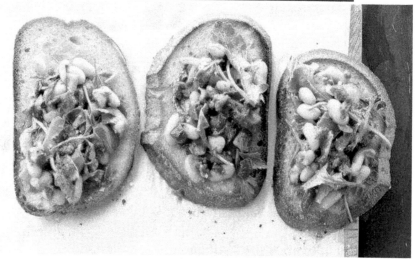

Baguette, narezan na kriške
Bijeli grah, ocijediti i isprati
Češnjak, mljeveni
Sok od limuna
Maslinovo ulje
Svježa rikula
Sol i papar
Upute:
Zagrijte pećnicu na 400°F.

Stavite kriške baguettea na lim za pečenje i pecite u pećnici dok se lagano ne zapeku, oko 5-7 minuta.

U sjeckalici pomiješajte bijeli grah, mljeveni češnjak, limunov sok, maslinovo ulje, sol i papar dok ne postane glatko.

Svaku krišku brusketa namažite pireom od bijelog graha.

Prelijte svježom rikulom.

82. Ricotta i brusketa od meda

Baguette, narezan na kriške
Ricotta sir
Med
Listovi svježeg timijana
Upute:
Zagrijte pećnicu na 400°F.

Stavite kriške baguettea na lim za pečenje i pecite u pećnici dok se lagano ne zapeku, oko 5-7 minuta.

Na svaku krišku bruskete rasporedite ricotta sir.

Prelijte medom i pospite listićima svježeg timijana.

83. Pesto i bruskete od rajčice

Baguette, narezan na kriške
Pesto umak
Rajčice, narezane na ploške
Listovi svježeg bosiljka
Sol i papar
Upute:
Zagrijte pećnicu na 400°F.

Stavite kriške baguettea na lim za pečenje i pecite u pećnici dok se lagano ne zapeku, oko 5-7 minuta.

Svaku krišku bruskete premažite pesto umakom.

Na vrh stavite narezane rajčice i listove svježeg bosiljka.

Pospite solju i paprom.

84. Bruskete od patlidžana na žaru

Baguette, narezan na kriške
Patlidžan, narezan na ploške
Češnjak, mljeveni
Maslinovo ulje
Balsamico ocat
Listovi svježeg bosiljka, nasjeckani
Sol i papar
Upute:
Zagrijte roštilj na srednje jaku temperaturu.

Premažite kriške patlidžana maslinovim uljem i pecite na roštilju dok ne omekšaju i lagano pougljene, oko 4-5 minuta po strani.

U zdjeli pomiješajte nasjeckani češnjak, maslinovo ulje, balzamični ocat, nasjeckane listove svježeg bosiljka, sol i papar.

Stavite kriške baguettea na lim za pečenje i pecite u pećnici dok se lagano ne zapeku, oko 5-7 minuta.

Pokrijte svaku krišku bruskete ploškom grilanog patlidžana i pospite mješavinom češnjaka i bosiljka.

85. Bruschetta od rakova i avokada

Baguette, narezan na kriške
Meso rakova u komadima
Avokado, narezan na kockice
Crveni luk narezan na kockice
Sok od limete
Svježi cilantro, nasjeckan
Sol i papar
Upute:
Zagrijte pećnicu na 400°F.

Stavite kriške baguettea na lim za pečenje i pecite u pećnici dok se lagano ne zapeku, oko 5-7 minuta.

U zdjeli pomiješajte meso raka, avokado narezan na kockice, crveni luk narezan na kockice, sok limete, nasjeckani svježi cilantro, sol i papar.

Žlicom stavite mješavinu rakova i avokada na svaku krišku brusketa.

86. Bruskete od kozjeg sira i pečene cikle

Baguette, narezan na kriške
Kozji sir
Pečena cikla, narezana na kockice
Listovi svježeg timijana
Maslinovo ulje
Sol i papar
Upute:
Zagrijte pećnicu na 400°F.
Stavite kriške baguettea na lim za pečenje i pecite u pećnici dok se lagano ne zapeku, oko 5-7 minuta.
3. Svaku plošku brusketa namažite kozjim sirom.

Na vrh stavite pečenu ciklu narezanu na kockice i listiće svježeg timijana.

Pokapajte maslinovim uljem i pospite solju i paprom.

87. Caprese Bruschetta

Baguette, narezan na kriške
Svježa mozzarella, narezana na ploške
Rajčice, narezane na ploške
Listovi svježeg bosiljka
Balsamic glazura
Sol i papar
Upute:
Zagrijte pećnicu na 400°F.

Stavite kriške baguettea na lim za pečenje i pecite u pećnici dok se lagano ne zapeku, oko 5-7 minuta.

Svaku krišku bruskete pokrijte kriškom svježe mozzarelle, kriškom rajčice i listom svježeg bosiljka.

Prelijte balzam glazurom i pospite solju i paprom.

88. Bruskete od dimljenog lososa i kopra

Baguette, narezan na kriške
Kremasti sir
Dimljeni losos
Svježi kopar, nasjeckan
Sok od limuna
Sol i papar
Upute:
Zagrijte pećnicu na 400°F.

Stavite kriške baguettea na lim za pečenje i pecite u pećnici dok se lagano ne zapeku, oko 5-7 minuta.

Na svaku krišku bruskete namažite krem sir.

Po vrhu stavite dimljeni losos i pospite nasjeckanim svježim koprom.

Pokapajte limunovim sokom i pospite solju i paprom.

89. Bruschetta od kozica i avokada

Baguette, narezan na kriške
Kuhani škampi, oguljeni i devenirani
Avokado, narezan na kockice
Crveni luk narezan na kockice
Sok od limete
Svježi cilantro, nasjeckan
Sol i papar
Upute:
Zagrijte pećnicu na 400°F.

Stavite kriške baguettea na lim za pečenje i pecite u pećnici dok se lagano ne zapeku, oko 5-7 minuta.

U zdjeli pomiješajte kuhane škampe, avokado narezan na kockice, crveni luk narezan na kockice, sok limete, nasjeckani svježi cilantro, sol i papar.

Žlicom rasporedite mješavinu škampa i avokada na svaku krišku brusketa.

90. Brie i bruskete od jabuka

Baguette, narezan na kriške
Brie sir
Jabuka, tanko narezana
Med
Orasi, nasjeckani
Listovi svježeg timijana
Upute:
Zagrijte pećnicu na 400°F.

Stavite kriške baguettea na lim za pečenje i pecite u pećnici dok se lagano ne zapeku, oko 5-7 minuta.

Svaku krišku bruskete namažite brie sirom.

Po vrhu stavite jabuke narezane na tanke kriške, nasjeckane orahe i listiće svježeg timijana.

Prelijte medom.

91. Bruschetta s gljivama i kozjim sirom

Baguette, narezan na kriške
Gljive, narezane na ploške
Češnjak, mljeveni
Maslinovo ulje
Kozji sir
Svježi peršin, nasjeckan
Sol i papar
Upute:
Zagrijte pećnicu na 400°F.

Stavite kriške baguettea na lim za pečenje i pecite u pećnici dok se lagano ne zapeku, oko 5-7 minuta.

U tavi pirjajte narezane gljive i nasjeckani češnjak na maslinovom ulju dok ne omekšaju i lagano porumene, oko 5-7 minuta.

Na svaku krišku bruskete namažite kozji sir.

Prelijte pirjanim gljivama i pospite nasjeckanim svježim peršinom.

Posolite i popaprite.

92. Bruschetta od breskve i ricotte

Baguette, narezan na kriške
Ricotta sir
Breskve, narezane na kriške
Med
Balsamic glazura
Listovi svježeg bosiljka

Upute:
Zagrijte pećnicu na 400°F.

Stavite kriške baguettea na lim za pečenje i pecite u pećnici dok se lagano ne zapeku, oko 5-7 minuta.

Na svaku krišku bruskete rasporedite ricotta sir.

Na vrh stavite narezane breskve.

Prelijte medom i glazurom od balzama.

Ukrasite listićima svježeg bosiljka.

93. Bruskete od gorgonzole i smokve

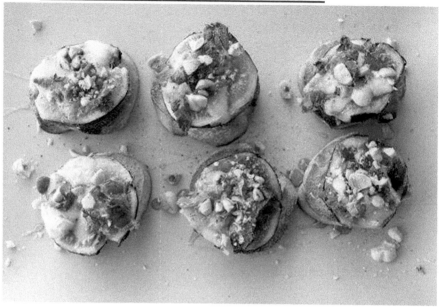

Baguette, narezan na kriške
Gorgonzola sir
Svježe smokve, narezane na ploške
Med
Orasi, nasjeckani
Upute:
Zagrijte pećnicu na 400°F.

Stavite kriške baguettea na lim za pečenje i pecite u pećnici dok se lagano ne zapeku, oko 5-7 minuta.

Na svaku krišku bruskete namažite sir gorgonzolu.

Odozgo stavite narezane svježe smokve i nasjeckane orahe.

Prelijte medom.

94. Bruschetta od rajčice i kozjeg sira

Baguette, narezan na kriške
Kozji sir
Rajčice, narezane na kockice
Češnjak, mljeveni
Maslinovo ulje
Listovi svježeg bosiljka
Sol i papar
Upute:
Zagrijte pećnicu na 400°F.
Stavite kriške baguettea na lim za pečenje i pecite u pećnici dok se lagano ne zapeku, oko 5-7 minuta.
U zdjeli pomiješajte rajčicu narezanu na kockice, mljeveni češnjak, maslinovo ulje, nasjeckane listove svježeg bosiljka, sol i papar.
Na svaku krišku bruskete namažite kozji sir.
Prelijte smjesom od rajčice.
Prelijte s dodatnom količinom maslinovog ulja i ukrasite listićima svježeg bosiljka.

95. Bruschetta od breskve i pršuta

Baguette, narezan na kriške
Kozji sir
Narezane breskve
Pršut, narezan
Med
Balsamic glazura
Upute:
Zagrijte pećnicu na 400°F.

Stavite kriške baguettea na lim za pečenje i pecite u pećnici dok se lagano ne zapeku, oko 5-7 minuta.

Na svaku krišku bruskete namažite kozji sir.

Odozgo stavite narezane breskve i narezani pršut.

Prelijte medom i glazurom od balzama.

96. Bruskete od dimljenog lososa i krem sira

Baguette, narezan na kriške
Kremasti sir
Dimljeni losos, narezan
Crveni luk sitno narezan
Kapari
Sok od limuna
Svježi kopar
Upute:
Zagrijte pećnicu na 400°F.

Stavite kriške baguettea na lim za pečenje i pecite u pećnici dok se lagano ne zapeku, oko 5-7 minuta.

Na svaku krišku bruskete namažite krem sir.

Po vrhu stavite narezani dimljeni losos, tanko narezan crveni luk i kapare.

Pokapajte limunovim sokom i ukrasite svježim koprom.

97. Pesto i bruskete od rajčice

Baguette, narezan na kriške
pesto
Rajčice, narezane na kockice
Češnjak, mljeveni
Maslinovo ulje
Sol i papar
Upute:
Zagrijte pećnicu na 400°F.

Stavite kriške baguettea na lim za pečenje i pecite u pećnici dok se lagano ne zapeku, oko 5-7 minuta.

Namažite pesto na svaku krišku brusketa.

U zdjeli pomiješajte rajčicu narezanu na kockice, mljeveni češnjak, maslinovo ulje, sol i papar.

Prelijte svaku krišku brusketa smjesom od rajčice.

98. Bruschetta od plavog sira i kruške

Baguette, narezan na kriške
Plavi sir
Narezane kruške
Med
Orasi, nasjeckani
Upute:
Zagrijte pećnicu na 400°F.
Stavite kriške baguettea na lim za pečenje i pecite u pećnici dok se lagano ne zapeku, oko 5-7 minuta.
Na svaku krišku bruskete namažite plavi sir.
Odozgo stavite narezane kruške i nasjeckane orahe.
Prelijte medom.

99. <u>Bruskete od avokada i rajčice</u>

Baguette, narezan na kriške
Avokado, pasirani
Rajčice, narezane na kockice
Crveni luk narezan na kockice
Češnjak, mljeveni
Sok od limete
Sol i papar
Upute:
Zagrijte pećnicu na 400°F.

Stavite kriške baguettea na lim za pečenje i pecite u pećnici dok se lagano ne zapeku, oko 5-7 minuta.

U zdjeli pomiješajte pasirani avokado, rajčicu narezanu na kockice, crveni luk narezan na kockice, mljeveni češnjak, sok limete, sol i papar.

Na svaku krišku brusketa rasporedite smjesu od avokada.

100. Ricotta i brusketa od smokava

Baguette, narezan na kriške
Ricotta sir
Svježe smokve, narezane na ploške
Med
Listovi svježeg timijana
Upute:
Zagrijte pećnicu na 400°F.

Stavite kriške baguettea na lim za pečenje i pecite u pećnici dok se lagano ne zapeku, oko 5-7 minuta.

Na svaku krišku bruskete rasporedite ricotta sir.

Po vrhu stavite narezane svježe smokve.

Prelijte medom i pospite listićima svježeg timijana.

ZAKLJUČAK

Ako su crostini i bruschette vaša omiljena predjela, samo pričekajte da isprobate ove recepte!

Svatko tko je upoznat sa svijetom talijanske kuhinje zna da neki sitni detalji mogu potpuno promijeniti ono što jedno jelo jest! Čak i ako se radi o nečem tako malom kao što je korištenje druge vrste tjestenine, umaka ili drugog sastojka, možda radite s potpuno drugačijim receptom! Dakle, kako se ove izjave odnose na krostine i bruskete? Iako imaju sličnosti, daleko su od istog. U svakom slučaju, sve su to mali zalogaji raja, a još jedna sjajna stvar kod njihove izrade je to što vrijeme kuhanja i postupak nisu dugi! Uživati!

Milton Keynes UK
Ingram Content Group UK Ltd.
UKHW022120060923
428148UK00014B/576